AF335745

« La Patrie Française » a fait imprimer des affiches format colombier, reproduisant l'*appel* que l'on peut lire ci-dessus. Ces affiches sont à la disposition de nos amis et des groupes d'initiative aux prix suivants :

Au-dessous de 50 exempl., l'exempl. **0** fr. **35**
De 50 à 100 exempl., l'exempl. . **0** fr. **30**
De 100 à 500   —   — . **0** fr. **28**
Au-dessus de 500, l'exemplaire. . . **0** fr. **27**
  Timbrées à 0 fr. 18 et adressées *franco*.

En outre, notre appel a été tiré, pour être distribué à la main, en un tract in-4°, au verso duquel se trouve le modèle de statuts donné dans les dernières pages de la présente brochure.

PRIX DU TRACT

Le 100. . **1** fr. **50** *Franco* . . . **2** fr.

Le Comité-Directeur de la Patrie Française engage les patriotes à répandre le plus possible l'affiche et le tract, en même temps que la conférence de Maurice Barrès.

Pour ceux de nos amis qui ne peuvent s'occuper eux-mêmes de cette propagande, mais qui s'intéressent à notre campagne, ils n'ont qu'à nous adresser leur souscription. Nous emploierons ces fonds à l'affichage de l'appel ainsi qu'à la distribution, aussi intensive que possible, de la conférence sur « les mauvais instituteurs ».

N. B. — Les demandes de brochures, affiches et tracts, doivent être adressées, avec leur valeur en mandat ou bon de poste, à M. le Directeur du Bulletin de la Patrie Française, 196, rue de Rivoli, à Paris (1er arrond.); les souscriptions, à M. Le Corbeiller, trésorier général.

LA PATRIE FRANÇAISE

Les Mauvais Instituteurs

Conférence prononcée à Paris, le 16 Mars 1907
à la Grande Réunion de la Salle Wagram

PAR

MAURICE BARRÈS

DE L'ACADÉMIE FRANÇAISE, DÉPUTÉ DE PARIS

PRIX : **15** CENTIMES

Franco par la poste : **0** fr. **20**

POUR LA PROPAGANDE — PRIX NETS :

50 exemplaires : **5** francs ; franco par colis postal : **6** francs

100   —   **7** francs ;   —   **8** francs

PARIS

BUREAUX DE " LA PATRIE FRANÇAISE "

196, Rue de Rivoli, 196

TÉLÉPHONE 295-71   MÉTROPOLITAIN : TUILERIES

Les Mauvais Instituteurs

FRANÇAIS,

PÈRES ET MÈRES DE FAMILLE.

Les principes essentiels sur lesquels doit être basée l'éducation de la jeunesse française sont, vous n'en doutez pas, l'amour de la Patrie, le culte de l'histoire et des traditions nationales, le respect de la liberté de conscience.

Et cependant un trop grand nombre d'instituteurs n'hésitent pas à se faire, dans leur enseignement, les alliés des hommes qui voudraient détruire la Société, la Famille et la Patrie. Ils s'efforcent de vider l'âme de vos enfants de tout idéal.

Il y a là un danger, une menace pour l'avenir même de la France. Le gouvernement ne l'ignore pas; mais, par crainte des agitateurs révolutionnaires, par une indifférence qui est de la complicité, il laisse la situation s'aggraver un peu plus chaque jour.

L'heure est venue pour les bons citoyens de se substituer aux pouvoirs publics défaillants et de s'organiser pour parer à ce véritable péril national.

Ce n'est pas une question de parti; il s'agit seu-

lement d'une œuvre d'assainissement et de préservation morale.

L'union crée la force. Que, dans chaque commune ou, tout au moins, dans chaque canton, tous ceux dont les enfants fréquentent les écoles publiques se groupent pour former, comme la loi le leur permet, une

ASSOCIATION DE DÉFENSE SCOLAIRE.

Ils pourront alors surveiller efficacement la nature de l'enseignement donné à leurs enfants, apporter un sérieux appui moral aux maîtres patriotes, honneur du corps enseignant primaire, exiger des « mauvais instituteurs » des — « Aliborons », — un changement d'attitude. Finalement, si des sanctions énergiques deviennent nécessaires, ils n'hésiteront pas à s'y décider.

Pères et mères de famille, ne tardez pas davantage à faire votre devoir. Rappelez-vous que vous n'êtes pas des esclaves, mais des citoyens libres ; que même vous êtes les maîtres puisque vous payez, et faites-le voir.

Pour le Comité-Directeur de « LA PATRIE FRANÇAISE » :

Le Président,

E. DE MARCÈRE,
Sénateur,
Ancien Ministre.

Le Vice-Président,

Amiral BIENAIMÉ,
Député de Paris.

LA GRANDE RÉUNION

du 16 Mars 1907

A LA SALLE WAGRAM

Le Comité-Directeur de la *Patrie Française* s'est ému des tendances antipatriotiques, antisociales, et par surcroît grossièrement sectaires qu'ont révélées chez beaucoup d'instituteurs des publications dignes de foi, des discussions parlementaires et nombre de faits connus de tous.

Il a résolu, pour enrayer l'évolution d'un mal qui pourrait devenir mortel, de faire appel à l'opinion publique.

Et, tout aussitôt, engageant la campagne contre « les mauvais instituteurs » il a organisé, le 16 mars 1907, à la salle Wagram, à Paris, une grande réunion qui a été l'une des plus importantes manifestations patriotiques de ces dernières années.

6.000 personnes avaient répondu à notre invitation. 4.500 seulement d'entre elles purent trouver place dans la vaste salle. Mais bien certainement les 1.500 citoyens moins favorisés étaient, eux aussi, venus là pour affirmer leur attachement aux traditions françaises et leur réprobation à l'égard des hommes qui s'efforcent de les détruire.

M. de Marcère, sénateur, ancien ministre de la République, et Président de la *Patrie Française*, présidait la réunion. Il l'ouvrit par un magistral discours, dans lequel il signalait avec force le danger qui nous menace. (1). Puis M. Maurice Barrès prononça la magnifique conférence que nous publions et qui fit, sur tous ceux qui l'entendirent, une profonde impression.

---

(1) Les discours de M. de Marcère, de MM. Dontenville, de Noussanne, Maurice Spronck et de l'amiral Bienaimé, ont été publiés dans le numéro 20 (1er avril 1907) du *Bulletin de la Patrie Française*.

Nul doute que les patriotes n'éprouvent, en la lisant, les sentiments complexes de stupeur, de dégoût, de colère et de résolution virile dont les auditeurs de l'éminent académicien furent successivement animés. L'épithète vengeresse dont Maurice Barrès a flétri les instituteurs dévoyés, en les qualifiant de « Maîtres Aliborons » est de celles qui, dans notre pays, restent et font fortune.

Après M. Maurice Barrès, on entendit encore M. Dontenville, agrégé de l'Université, qui vint ajouter quelques traits au réquisitoire ; M. Henri de Noussanne, bien connu pour avoir pris dans l'*Echo de Paris* la défense des enfants polonais dont la situation vis-à-vis du brutal instituteur prussien est analogue à celle de nos petits Français que tyrannise le mauvais maître, antipatriote et sectaire ; M. Maurice Spronck, le courageux député de Paris, qui montra dans le fameux Robin, de Cempuis, un des précurseurs de l'hervéisme scolaire actuel ; et enfin l'amiral Bienaimé, député de Paris et vice-président de la *Patrie Française*, qui conclut en réclamant des résolutions énergiques.

Donnant gain de cause à l'amiral, l'Assemblée, avant de se séparer, par un ordre du jour motivé et voté d'acclamation, émit le vœu que, partout en France, les pères et mères de famille prissent l'initiative de former des Associations légales pour la défense du patriotisme et de la liberté de conscience à l'école primaire. Elle confiait, en même temps, au Comité-Directeur de la *Patrie Française*, le mandat d'aider à l'organisation de ces groupements.

Le vœu de l'Assemblée de la salle Wagram sera entendu.

Les « Aliborons » verront bientôt, nous l'espérons, que le peuple de France n'est pas encore disposé à se laisser mener par eux à la misère morale... et intellectuelle dans laquelle ils voudraient l'enlizer.

Conférence de M. Maurice BARRÈS

DE L'ACADÉMIE FRANCAISE, DÉPUTÉ DE PARIS

Prononcée à Paris, à la Salle Wagram, le 16 mars 1907.

————— ✳ —————

Les Mauvais Instituteurs

I. — Les « mauvais instituteurs » détruisent les réalités dont nous vivons. — II. Ils sont encore plus stupides qu'odieux. — III. Quelle éducation nous voulons pour nos enfants. — IV. Conclusion pratique.

MESDAMES, MESSIEURS,

Je dois débuter par rendre hommage à l'ensemble du corps des instituteurs, et je tiens à dire bien haut que c'est d'une fraction seulement de ces maîtres que nous allons nous occuper, ce soir. Les « mauvais instituteurs » sont une minorité, odieuse à leurs collègues comme elle est odieuse au bon sens national. Nous ouvrons cette campagne d'assainissement, d'assainissement scolaire, pour venir au secours des bons instituteurs, français de cœur et d'esprit, qui tant bien que mal demeurent encore la majorité.

La majorité !... Un ministre, M. Rouvier, au cours de l'été de 1905, disait dans les couloirs de la Chambre (devant Georges Grosjean qui nous l'a rapporté), que les bons étaient encore dans la proportion de soixante pour cent... Il est temps de les secourir et de secourir notre société française.

C'est un grand rôle, messieurs, que joue à notre époque l'instituteur. Il ne se borne pas à enseigner l'écriture, la lecture, le calcul aux enfants du peuple, et à leur donner quelques vues sur les choses. Ses élèves vont composer le corps électoral ; ils seront demain la majorité toute-puissante. Oui, ces pauvres enfants, joyeux, encore informes, mais si plaisants, que nous voyons chaque jour, à heure fixe, s'évader en polissonnant de l'école et qui nous bousculent, tandis que nous disons : « sacrés mioches », ils perfectionneront ou déferont la construction séculaire qu'est la France. Notre propre immortalité aura la forme honteuse ou glorieuse de ces écoliers que le maître est en train de façonner. L'instituteur est un faiseur de rois.

Nicole (le moraliste, l'homme de Port-Royal) raconte qu' « une des choses sur lesquelles feu M. Pascal avait le plus de vues était l'instruction d'un prince » et qu'on lui a souvent ouï dire « qu'il n'y avait rien à quoi il désirât plus de contribuer s'il y était engagé, et qu'il sacrifierait volontiers sa vie pour une chose si importante ». Pascal, le grand Blaise Pascal, voudrait être l'un de nos instituteurs. Il tâcherait d'élever nos enfants de la manière la plus proportionnée à leur état et la plus propre pour les rendre capables de remplir tous leurs devoirs et tous leurs droits de Français ; il accepterait, avec une sorte de tremblement, l'emploi qu'occupent M. Gasquet et ses subordonnés.

Nos instituteurs ne méconnaissent pas cette importance de leurs fonctions. Si quelques-uns remplissent mal leur devoir (et je vais l'établir), nul d'eux ne s'en fait une trop petite idée. Ils savent, tous, qu'ils préparent les enfants à être des membres actifs de la société. Nos pires instituteurs ne pèchent pas par négligence ou frivolité, mais plutôt par un excès d'amour-propre et par un sentiment trop exalté de leur rôle.

Laissez-moi vous le dire, messieurs, parce qu'il faut peindre ses adversaires avec des couleurs justes et que l'on échoue à conquérir les esprits indifférents, si l'on dénature les faits : à mesure que je maintiens mon regard sur « les mauvais instituteurs », ma répulsion pour leur fanatisme destructeur ne diminue pas, car le défaut de bon sens inspire un invincible mépris, mais j'aperçois que leurs mobiles ne manquent pas toujours de grandeur. Nos mauvais instituteurs sont très souvent des prêtres dévoyés.

Sans doute, leur prêcherie ne peut pas faire une religion ; la religion consiste à discipliner chaque individu et à relier tous les individus, et voilà une double tâche, de haute sagesse pacifiante, dont ces hommes irrités et révoltés sont bien incapables, mais il n'empêche que leur prêcherie est née dans les replis obscurs de leur pauvre conscience affamée d'absolu et qu'elle a tous les caractères dangereux d'une explosion de mysticité.

I. — C'est sans doute comme rival, parce qu'il est le prêtre en veston d'une sorte de religion nouvelle, parce qu'il a un catéchisme laïque et que sa maison d'école est la concurrence de l'église : le « mauvais instituteur » ne déteste rien tant que la religion catholique...

Messieurs, écoutez une histoire qui s'est passée, il y a quelques semaines, dans l'école d'un petit pays, tout auprès de Paris.

L'instituteur est marié, sa femme se charge des enfants, garçons et filles au-dessous de six ans, et, lui, des enfants de six à treize ans. Il est secrétaire de la mairie, ce qui ajoute à son influence, et de cette influence, il use abondamment. Tout enfant que ses parents envoient à la messe est prévenu que, s'il y persiste ou s'il fait sa première communion, il sera privé du certificat d'études. Les parents n'osent pas se plaindre ; les représailles du maître porteraient sur leurs enfants ; d'ailleurs, à qui s'adresseraient-ils ?

L'autre jour, une petite fille de sept ans, qui avait commis la faute d'aller à la messe le dimanche, a reçu l'ordre de monter sur une table en pleine classe et de réciter le *Pater*.

— Notre père qui êtes aux cieux...

— Comment, ton père est aux cieux ! mais je viens de le voir passer sur la route...

Toute l'école riait.

— ... Donnez-nous aujourd'hui notre pain quotidien...

— Tiens! ce n'est pas ton père qui te donne le pain, lui qui est boulanger?

La petite suffoquait d'embarras et de peur. Elle dut aller jusqu'au bout.

Le dimanche suivant, elle se rendit encore à la messe. L'instituteur la fit remonter sur la table... Non, messieurs, je ne veux pas vous dire le nom ni le pays de ce maître goujat ; nous l'appellerons, si vous voulez, maître Aliboron... Il exigea que, cette fois, l'enfant récitât son *Ave Maria*

— Je vous salue, Marie...

— Tu la connais donc, cette femme, pour la saluer? On ne salue que les femmes qu'on connaît.

Alors, un garçon de dix ans se leva et dit à l'instituteur que ce qu'il faisait était très mal, que la maman de la petite fille ne permettait pas cela.

Messieurs, par notre lâcheté, voilà comment on traite en France de petits enfants français.

Si je cédais au flot des pensées qu'une telle histoire suscite en moi et que je vois envahir votre immense auditoire, je ne m'écarterais pas de cette belle anecdote, si pleine de sens, si pleine de honte et pourtant de noblesse; j'y trouverais ma conférence entière, tous les motifs de l'indignation que je veux vous communiquer et de la résolution où nous devons aboutir.

Après que nous venons d'ouïr la sottise de ce maître, je voudrais vous lire lentement quatre pages, fameuses chez les grands libres-penseurs dont cet Aliboron croit pouvoir se recommander, quatre pages intitulées *Com-*

*mentaires d'un républicain sur l'oraison
dominicale*, où Louis Ménard développe que
« l'Eglise a donné au monde la vraie formule
de la prière ». Mais Aliboron, qui ne sait pas
entendre un enfant, ne sait pas mieux entendre
ses maîtres. S'il voulait bien me faire confiance quelques minutes, je lui expliquerais
que la partie exquise, la partie divine, je veux
dire le son de sensibilité juste que peuvent
rendre les âmes, lui échappe. Soyons équi-
table : le pauvre nigaud est la victime de ses
maîtres comme ses élèves le seront de lui-
même. Ses maîtres n'ont pas pu lui communiquer leur vérité, leur âme : on communique
des recettes, des notions, mais la vérité, nous
ne la recevons que de notre cœur ému, lentement, au cours de la vie...

Et voilà bien pourquoi je m'inquiète du
scandale qu'Aliboron vient de faire autour de
cette bonne petite fille. Il l'a forcée de rougir
du meilleur d'elle-même, de ce qui lui venait
de son père, de sa mère, de toute la France,
de dix-huit siècles de religion catholique.
Elle regrette peut-être aujourd'hui d'avoir été
confiante, d'avoir cru que sa prière était
bonne. Or, qu'a-t-elle reçu, en échange de son
Pater et de son *Ave* désormais sans effet ?
Qu'a-t-elle reçu d'Aliboron ?... Ce qui me ras-
sure, c'est la crânerie du petit garçon, le mouvement chevaleresque et le sentiment de justice qui l'ont fait soudain se lever. En vain le
maître veut les déformer ; ils se défendront
avec leur instinct. Je le crois, mais nul de
nous ne va-t-il les secourir ?... Que font leur

pères?... Le père de cette petite fille, qu'attend-il de plus pour saisir les deux oreilles d'Aliboron?

Messieurs, je me suis renseigné. Le père, c'est un pauvre. Il a peur de l'instituteur.

Cette scène vous indigne ? Le goujat, répétez-vous. Fort bien ! Mais nous n'allons pas occuper, absorber nos milliers de colères sur un malheureux fanatique que j'ai choisi, presque au hasard, entre une multitude qui grouillent dans la putridité de la nouvelle école. Nous ne nous sommes pas réunis pour nous irriter stérilement contre certaines extravagances criminelles. Ce qu'il faut, ce soir, c'est atteindre, déshonorer et bannir les doctrines mêmes qui fanatisent l'instituteur.

M. Aulard, professeur à la Sorbonne, est assurément dégoûté par la basse scène que je viens de décrire, — comme il est dégoûté, je suppose, par l'instituteur d'Yvetot qui confisque et lit à la classe moqueuse « l'examen de conscience » que venait d'écrire un enfant, à la veille de sa première communion, — mais il a déclaré, ce M. Aulard, cet homme considérable par ses dignités et, disons-le, par ses travaux, il a déclaré dans les *Annales de la jeunesse laïque :* « L'office de notre doctrine de libre-pensée, sa raison d'être et son but, c'est de désagréger la religion. Ne disons plus : Nous ne voulons pas détruire la religion. Disons au contraire : Nous voulons détruire la religion. » Et c'est bien lui, Aulard, ou du moins sa pensée qui, par l'office d'un inférieur, tourmente la petite fille catholique sur la table branlante de l'école d'Aliboron.

La tâche sociale des maîtres a d'ailleurs été précisée dans la *Revue de l'enseignement primaire*, qui a quatorze mille abonnés, par le professeur Chauvelon : « L'ennemi, dit-il, c'est l'Eglise et les tyrannies qu'elle abrite et qu'elle déguise : tyrannie militariste, tyrannie capitaliste, tyrannie bourgeoise, toutes les castes, toutes les calottes. »

Là-dessus, les instituteurs écrivent au ministre dont ils dépendent (c'était M. Chaumié) : « Nous sommes quelque trente mille instituteurs socialistes en France, trente mille, c'est-à-dire un sur quatre, ajoutez à cela trente ou quarante mille radicaux-socialistes. Que vous en semble, Monsieur le Ministre ? Il ne faudra pas vous étonner si dans quelques années votre successeur se trouve à la tête d'une petite armée de quatre-vingt mille éducateurs socialistes. » Aujourd'hui les instituteurs syndiqués de la Seine se solidarisent avec ceux du Rhône pour s'affilier à la Confédération générale du travail. En vain M. Briand le leur défend-t-il. Ils lui signifient par un ordre du jour très impérieux et très clair qu'ils sont des « salariés », qu'ils ne sauraient « s'isoler du monde du travail » et qu'ils doivent « entrer en contact avec la classe ouvrière exerçant son action par les Bourses du travail et par son organisme central, la Confédération générale du travail ».

Si c'est pour préparer la révolution sociale que les instituteurs désirent entrer rue du

Château-d'Eau, qu'ils laissent donc en paix Aristide Briand : nulle part ils ne détruiront mieux la société que dans leurs écoles, par leur double propagande contre l'armée et contre la patrie.

Tout le formidable mouvement antimilitariste a été déclanché par les petits gestes des grands chefs. M. l'inspecteur général Félix Martel écrit un article intitulé « Education de sauvages », pour blâmer un instituteur qui a osé donner à ses élèves, comme sujet de narration, le fait d'armes d'un éclaireur français qui tue deux uhlans. L'éducation de nos petits Français est une « éducation de coqs de combat », déclare avec dégoût M. le recteur Payot, et il donne l'ordre d'enlever des murs de l'école les « scènes de violence », c'est-à-dire les images représentant les exploits des soldats français.

Ainsi dressés, poussés par leurs chefs hiérarchiques, les instituteurs rivalisent de haine contre la gloire et l'honneur. L'un d'eux écrit : « Il m'arrive plusieurs fois par an de passer en tramway près de Coulmiers (Loiret). C'est là que le 9 novembre 1870, les Français massacrèrent les Bavarois de Von der Thann. Ce crime prémédité, cette longue tuerie, fut l'une des plus horribles de toute la guerre. Autrefois on marquait le criminel empoisonneur, l'homme monstre à l'épaule avec un lys de fer chauffé à blanc. On a marqué de même cette plaine de Beauce d'un stigmate déshonorant, pour rappeler à tous le crime qui l'a souillée. »

Il y a pis que cette furieuse déclamation. Trois instituteurs de l'Aisne, en 1870, furent fusillés par les Prussiens parce qu'ils étaient francs-tireurs, et les détails cruels de cet assassinat couvrent de gloire ces trois héros de l'école primaire et de la France. Une statue leur fut élevée en 1899 dans la cour de l'école normale de Laon, grâce aux souscriptions de 50.000 éducateurs populaires. Eh bien ! la *Revue de l'Enseignement* (où, sans doute, l'on possède une ordure à la place du cœur) désapprouve ces braves ; elle dit qu'ils ont « manqué aux règles les plus élémentaires du droit des gens ».

C'est odieux, mais, plus encore, c'est stupide. Trois fils du peuple prennent des fusils, spontanément, sans obligation, pour défendre le territoire et l'honneur de la France ; le Prussien les martyrise et les abat, et voici que des Français crient au Prussien (qui doit bien rire et qui crache sur ces traîtres) : « Bravo, Prussien !... »

Sommes-nous un peuple de Skoptzys qui se dévirilisent à plaisir ? Si c'est l'extrême moralité de l'École nouvelle, mesdames et messieurs, serviteur !

II. — Messieurs, dès ma première phrase, j'ai rendu hommage à l'ensemble du corps des instituteurs et j'ai tenu à proclamer que je m'occuperais des seuls « aliborons ». Même envers ceux-ci, mon sentiment est fort complexe. Ce n'est pas de la haine, car dans la

minute où Aliboron renie notre patrie, je dois
constater qu'il est bien l'un de nous, un Français avec toutes nos manies de logique sim-
pliste et notre vaniteux désir d'étonner, de
guider l'Europe. La qualité même de son
erreur me rappelle qu'il est mon frère, et je ne
puis nier qu'il n'éveille en moi une sorte de
complaisance dégoûtée et cordiale. Je distin-
gue une manière de noblesse dans ses inten-
tions. Mais voilà, son intelligence m'inspire
un invincible mépris.

Regardez-les plutôt qui pâlissent d'orgueil,
nos aliborons, instituteurs, inspecteurs, direc-
teurs et philosophes, quand le vieux Naquet,
ce prodigieux juif, subtil, fleur de sa race, mêlé
de cynisme et de messianisme, un vrai pro-
phète d'Israël, propose à la France de se sacri-
fier pour le monde et de mourir en beauté.
Vous vous rappelez la thèse de Naquet. Il
exhorte la France « à donner un noble exemple en désarmant sans demander de récipro-
cité à qui que ce soit ». Sans doute « il se
pourrait qu'elle succombât sous quelque
agression monstrueuse, mais même alors elle ne
périrait pas tout entière »... C'est là le
dernier mot, le fin du fin, le vertige suprême
dont s'enivrent les belles âmes de nos instituteurs. Quand leur bêtise arrive à ce point,
ils me réjouissent et m'écœurent. Ils me rap-
pellent cet animal de cauchemar, le catoblépas,
qui figure dans la *Tentation de saint Antoine*,
et qui se mangeait les pattes sans s'en aperce-
voir. « Ah! celui-ci, murmure le saint, sa
stupidité m'attire. »

Ce catoblépas qui se dévore les pattes à soi-
même, c'est le portrait de nos réformateurs
qui, pour perfectionner la France, acceptent
de l'anéantir. La plus grande part de leur
furieuse activité, ils la dépensent contre leurs
propres intérêts, à desservir l'idéal qu'ils se
proposent. Ils se croient une mission et s'ap-
pliquent à la rendre plus difficile. C'est que
leurs vœux les plus légitimes d'amélioration
sociale sont souillés de haine, d'une part, et,
d'autre part, détournés vers un idéal chimé-
rique. Leur enthousiasme s'allume dès qu'ils
entrevoient de détruire quelque établissement.
S'ils admirent tout ce qui est à naître, leur
haine de tout ce qui existe est telle qu'ils
rejettent les plus solides matériaux sur lesquels
ils pourraient construire. Ils n'attachent de
valeur qu'à certaines abstractions et les réalités, ils n'y pensent que pour les détester.

Vous êtes socialiste, Aliboron, c'est-à-dire
que vous voulez plus de justice ou de généro-
sité dans l'organisation sociale. Dès lors pourquoi vous priver systématiquement des principes de charité et de fraternité, d'amour et
d'altruisme qu'il y a dans la foi chrétienne?
On n'est jamais socialiste pour avoir lu Marx
et médité sur l'économie politique. On l'est
en obéissant à des forces obscures, au sentiment de justice qui parle si fort dans le fond
des consciences chrétiennes. Je voudrais vous
faire réfléchir sur ce que j'essayais d'exposer
a vos coreligionnaires de la Chambre. En arra-
chant de la nation le catholicisme, leur disais-
je, vous ne pouvez pas prévoir tout ce que

vous arracheriez de forces morales, de sentiments exquis, de délicatesses, de vertus que
ce catholicisme a déposés dans les âmes françaises et que lui seul y peut maintenir. C'est
contre vous-mêmes que se tournerait votre
besogne. Dans ses parties les plus nobles, la
sensibilité à laquelle, chaque jour, vous faites
appel est de formation catholique, et le jour
où cette formation viendrait à manquer totale-
ment, vous seriez épouvantés de la sécheresse,
du silence des nouvelles générations. Leur
Dieu, à défaut de Jésus, ne serait-ce pas la
pièce de cent sous? Et quand vous prononce-
riez ces mots d'égalité et de fraternité, qui ne
retentissent si fort dans la conscience de votre
clientèle que parce qu'ils y rejoignent les plus
beaux mots de l'Evangile, vous apparaîtriez
simplement comme un clergé de raseurs.

Vous êtes libre-penseur, Aliboron, vous
redoutez la religion, parce que, dites-vous, elle
est un fanatisme, toujours capable de troubler
la raison et d'irriter les hommes les uns contre les autres. Je ne vous chicanerai pas là-
dessus, mais vous m'accorderez que l'homme
est un animal religieux, dont vous ne pouvez
pas transformer la constitution. Eh bien!
avez-vous réfléchi qu'en privant nos garçons
et nos filles de ce catholicisme français qui
forma leurs pères, vous les livrez fatalement
à quelque religion nouvelle? Et cette incon-
nue, êtes-vous si frivole qu'elle ne vous
effraye pas? Ignorez-vous qu'il y a dans l'être
humain tout un monde obscur de puissances,
que notre catholicisme héréditaire discipline

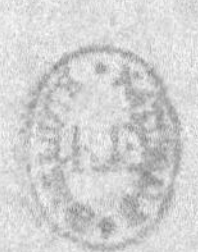

et dirige au mieux, mais qui pourraient exploser en fanatismes rétrogrades ? Chez nous, le catholicisme (pour parler un langage que vous aimez) est une religion *assimilée* et *atténuée*; en le détruisant, comprenez que vous laissez le champ libre, l'âme tout ouverte à une religion plus neuve et plus *virulente*.

Enfin, Aliboron, vous prêchez l'amour de l'humanité. Je le veux bien, mais, cette humanité, comment faut-il que je la serve ? Quels devoirs précis un tel amour implique-t-il?... Aucun autre devoir, Hervé l'a bien vu, que de refuser le service militaire à la France. Holà ! maître Aliboron, en même temps qu'un anarchiste, seriez-vous un hypocrite, le Tartuffe nouveau jeu ? Auraient-ils raison, ceux qui disent que si vous inventez et chantez avec un accent religieux des devoirs envers l'humanité, envers une société qui n'existe pas encore, c'est pour vous dispenser de toutes charges envers la patrie qui est la forme sociale d'aujourd'hui ?

Messieurs, l'enseignement moral que donne le mauvais instituteur n'est rien que l'exaltation des sentiments négatifs, et ce n'est pas assez qu'il détruise dans nos enfants des réalités vivantes, l'amour de la patrie, la vénération religieuse, le respect de la famille, l'attachement au sol, l'honneur militaire (qu'il pourrait, notez-le bien, employer pour construire l'homme social de son rêve), il faut qu'il attaque, déchire, annihile nos enfants eux-mêmes.

Le recteur Payot, dans son cours de morale

composé pour les écoles normales, nous assure que l'origine de l'homme n'est rien qu'animale, que sur l'existence de Dieu nous ne pouvons émettre que des hypothèses et que notre ignorance est totale d'une survie de l'âme après la mort... Cette métaphysique peut inspirer de magnifiques poèmes. Et si Payot nous développait ses opinions en fumant une cigarette, elles vaudraient d'après sa verve, d'après sa force d'imagination. Je me dirais : « Ça l'amuse, ça l'excite de parler » ; j'approuverais de la tête et penserais à mes affaires. Mais si j'avais un petit garçon qui préparât sa première communion, et qui dût rester dans la pièce, je ferais un signe à Payot : « Attention, Payot, ne dites pas de bêtises, il y a le petit garçon. »

Les explications de Payot, en effet, sont infécondes et bonnes seulement pour crétiniser des enfants. Si vous voulez amener des enfants au point où, selon vous, se trouvent devant le problème religieux un Berthelot ou un Renan, il est possible que vous détruisiez dans ces enfants ce qui est détruit chez les Berthelot et les Renan, mais il n'est pas possible que vous fassiez exister en eux ce qui anime ces personnages exceptionnels (et qui ne peut pas être apporté du dehors). Vous ne leur insufflez pas l'âme de Berthelot et de Renan, mais vous les privez de leur âme propre, et en échange ils ne reçoivent que des mots, des mots qui, chez leurs inventeurs, sont des esprits vivants, mais qui chez ces bons petits êtres ne rendent qu'un son privé de sens.

C'est ce que Flaubert a rendu saisissant quand il a dépeint Homais et mieux encore Bouvard et Pécuchet.

Ces fameux imbéciles sont des personnages en qui la vie ne parle plus, qui ont troublé, souillé, comblé avec des apports étrangers leur source intérieure. Ces êtres taris, Flaubert les a reconnus dans la bourgeoisie. Il a projeté sur eux la lumière de son génie. Les Bouvard et Pécuchet du peuple nous restaient à découvrir. Je les vois se former à l'école primaire. Je vous les dénonce, tels que les fabrique criminellement maître Aliboron. Ils ne font pas rire. Je m'amuse (d'une gaîté bien amère, pourtant) qu'Homais, Bouvard et Pécuchet soient abrutis par une instruction verbale à laquelle ils ont sacrifié leur esprit vivant. Je les ai toujours connus comme des grotesques, il ne me vient pas, en les écoutant, une imagination très nette de leur première fraîcheur, de leur âme assassinée et des circonstances de l'assassinat. Mais ce petit garçon, cette petite fille, si pleins des sentiments de leur père, de toutes les vénérations qui font notre culture, que l'instituteur les turlupine, les dénature, que ces bons petits Français soient vidés de leur âme et bourrés de vaines pages arrachées des livres, cela me remplit de douleur !

III. — On ne peut rien obtenir de vrai, rien que des monstres stériles, d'une éducation qui contrarie, froisse, humilie le cœur des enfants, ce cœur qui, spontanément, honore et voudrait continuer tout ce qui s'est fait de grand sur notre terre et chez nos ancêtres. Il n'y a qu'une manière d'éducation féconde, c'est celle qui respecte un élève et se défend de le mettre en désaccord avec son père, avec sa mère, avec rien de ce qu'il sent comme vénérable.

L'enfant ne recevra pas son âme du dehors (pas plus de nos théories traditionalistes, je le sais, que des socialistes). Les mots ne communiquent rien, ils ne sont pas vivants pour celui que l'on prêche et le prêcheur tombe vite dans l'hypocrisie, je veux dire dans une fausse chaleur. La culture que je demande pour l'enfant, je l'attends plus de la vie pratique que d'aucun apprentissage théorique. Une vie nourricière baigne tout enfant bien né. Le bon instituteur saisira chaque occasion opportune de prêter son élève à ces influences de la famille, du milieu de travail, de la région, de la patrie. Et, par exemple, s'il est dans un village, il saura lui faire admirer et le préparer à recueillir, chez des paysans fort ignorants, une profonde sagesse réelle, une rectitude, une sagacité, une cohérence, bref une vie, la vie des campagnes françaises.

C'est le rôle des maîtres de justifier les habitudes et les préjugés (je parle comme Auguste Comte) qui sont ceux de la France et de notre société, de manière à préparer pour le mieux nos enfants à prendre leur rang dans la procession nationale. Oui, c'est le rôle des maîtres de raffermir et de cultiver les dispositions spontanées de ces jeunes cœurs, de saisir chaque occasion de développer en eux le sentiment social, pour lier leur existence à quelque chose de plus important et de plus fixe, pour les préparer à confondre leurs efforts dans une vaste organisation, famille, petite patrie, grande patrie, groupes professionnels.

Ici, messieurs, j'entends une objection d'immense importance et que j'aurais sollicitée. Il y a des déshérités qui n'ont pas autour d'eux un esprit de famille, qui sont trop cerclés par les misères du prolétariat industriel, qui ne peuvent même pas jouir de la paix, de la beauté, du charme, enfin de ces leçons de la terre auxquelles est ouvert le plus pauvre rural. Je dois entendre ce que me disaient, il y a peu de semaines, en termes très graves, très émouvants, les *Annales de la Jeunesse laïque* (par la plume d'un professeur M. Guy-Grand), que pour beaucoup de pauvres petits diables malheureux, mal encadrés, déshérités, la famille, la commune, la religion, la patrie, cela n'existe pas d'une manière sensible. « Le travailleur vit de plus en plus dans son groupement professionnel... le syndicat tend à apparaître comme le point d'attraction le plus efficace, comme le plus ardent centre de vie... » Je ne le conteste pas, un cadre nouveau s'est formé dans la société française et de ce cadre l'instituteur doit tenir compte.

Messieurs, il ne faut pas nous attarder indéfiniment à ce qui nous choque et nous blesse chez les mauvais instituteurs. Il faut les comprendre plus avant. S'il n'y avait dans leur pensée rien que de stupide et d'odieux, s'il ne s'y trouvait aucune parcelle généreuse et noble, ils ne feraient pas tant de ravages. Relisons certains « considérants » agressifs de l'ordre du jour où les instituteurs syndiqués de la Seine informent le ministre Briand qu'ils se solidarisent avec leurs collègues du Rhône. Ils lui disent que l'enseignement primaire s'adresse aux enfants de la classe ouvrière et qu'il ne sera profitable, adapté aux besoins du prolétariat, que si le maître pénètre dans les Bourses du travail, où il se rendra compte des conditions économiques imposées à la classe ouvrière... Je vous épargne le ton ; ces lignes sont infectées d'esprit de classe, de haine de classe ; elles sentent la guerre civile, et pourtant il y a quelque chose de bon, de vrai, une chaleur d'âme dans ce geste de l'instituteur penché vers le petit prolétaire. Le syndicat, c'est peut-être la petite patrie de demain pour un grand nombre de Français. Nous admettons le devoir que se donne l'instituteur ; nous approuvons qu'il aide à former l'esprit, la vie morale du syndicat, comme nous voudrions qu'il maintînt les influences de la famille et de la petite patrie. Ce serait son rôle, un grand rôle, d'aider à verser dans le syndicat toutes les vertus de notre race.

Mais nos instituteurs sont de singulières gens. Ils n'attachent de prix qu'à certaines abstractions, des idoles qu'ils caressent et dont ils sont si fort entichés qu'ils en oublient et méprisent la réalité. Ils se sont fait une religion de détester tout ce qui est de l veille et d'admirer tout ce qui n'est pas encore. Il leur faut des changements de scène. Rien ne leur paraît aussi nuisible que les vertus de notre nation, ils n'y pensent jamais pour en tirer de l'orgueil, mais pour les mépriser avec véhémence. Ils veulent faire apparaître dans les cadres du syndicat une humanité nouvelle.

Pourtant toute nouveauté n'est pas nécessairement une bonne chose. En revanche ce qui a pu durer, ce qui est solide, résistant, a nécessairement de grandes qualités. On peut construire dessus. Rien n'est plus précieux que les sentiments que nous nous transmettons de père en fils et qui sont les gardiens fidèles et toujours agissants de notre civilisation. Pour que les syndicats se développent avec grandeur et qu'ils soient (comme nous l'espérons malgré certains ferments révolutionnaires) de solides pierres dans la construction française, il faut qu'ils aiment, qu'ils respectent, qu'ils vénèrent, de la même manière qu'ont aimé, respecté et vénéré la suite des morts, ruraux et citadins, qui créèrent la France. Ce sont certaines pensées de vénération qui ont été les architectes de notre patrie et qui demeurent la règle des actions par lesquelles tout Français peut collaborer le mieux à la culture universelle.

Un homme de valeur, notre adversaire, tout dévoué au mouvement syndical, me disait : « Il y a de grandes affinités entre le syndicalisme et le nationalisme. Nous sommes également las du verbiage, de l'abstraction, de la pourriture morale, de la décomposition ; nous éprouvons tous le besoin profond d'une discipline, d'une société organisée, appuyée sur des réalités ; nous sommes d'accord sur les vices et les tares de notre démocratie. » Dès lors, maître Aliboron, pourquoi verriez-vous avec déplaisir les antiques vertus de notre nation pénétrer dans le syndicat ? Pourquoi jugez-vous nécessaire de dénaturer vos petits élèves sous couleur de les adapter à la vie syndicale ? Pourquoi avez-vous exigé, comme je le sais, que M. Calvet, censeur au lycée Michelet, effaçât de son histoire (à l'usage des écoles primaires) l'héroïsme et la mort de Bayard ? (1) Au pont de Romagnano, à travers plus de trois siècles, une voix s'élève et va tout droit parler à des prolétaires français, à des syndiqués épris de discipline, de chevalerie, de sacrifice : « Ce n'est pas moi qu'il faut plaindre, monsieur le Connétable, mais vous qui... » Cette lutte d'un seul pour tous à la tête du pont, ce dialogue mesuré avec le traître, cette mort plus belle qu'une victoire, c'est notre Phédon français. C'est le contact le plus aisé avec le sublime qui soit fourni aux gens de notre formation. Le moindre valet de nos fermes comprend Bayard et demain l'imitera. Où qu'il passât, chez nous, le chevalier sans peur et sans reproche soulèverait l'admiration et l'amitié. Et nos petits enfants de même, garçons et filles, ils peuvent entrer dans tous les milieux français, voire dans les

____

(1) Pour avoir confirmation de ce fait, lire *La Crise du Patriotisme à l'Ecole*, de M. Emile Bocquillon, page 300.

syndicats, avec leur cœur traditionnel, ils y seront aimés et vaillants.

Aliboron, tous les partis, quelque vue qu'ils se fassent de l'avenir, tous les Français, quel que soit leur développement, s'accordent pour vous arrêter quand vous molestez la petite fille qui dit ses prières et le petit garçon qui intervient pour la défendre. Il y a dans ces deux enfants, toutes prêtes à se lever, les plus belles strophes du chant national, la confiance et la douceur chez la fille, le sentiment de justice et l'esprit de chevalerie chez le garçon. Laissez mûrir ce que l'hérédité a déposé dans ces deux bons enfants ; laissez-les s'orienter au soleil, aux influences du terroir, à toutes les saisons du siècle. Les antiques vertus françaises sont bonnes pour servir tous les moments de la France.

IV. — Messieurs, le proverbe dit qu'à laver la tête d'un âne, on perd sa lessive. C'est peine perdue, je le crains, de vouloir guérir maître Aliboron ; il s'est empoisonné avant d'empoisonner les autres. Du moins, que cette pourriture soit enlevée du milieu de nos enfants.

Sommes-nous des Alsaciens, des Polonais, des vaincus à merci? Ces sublimes Alsaciens et Polonais doivent se contenter de défaire chaque jour au foyer de famille, tant bien que mal, le travail du maître prussien. Mais nous autres, pourquoi supporter que le maître que nous payons, détruise nos richesses morales, nos vénérations et notre foyer même. Si nous avons des enfants, c'est pour que nous puissions parler encore quand nous serons morts. Nous parlons comme nos pères et nos fils parleront comme nous, et il n'y a pas de fonctionnaire qui ait le droit d'interrompre ce cours naturel et sacré de la vie.

Le droit! Mais on n'est digne que des droits que l'on peut défendre.

Défendez-vous, pères de famille, en attaquant.

Aux environs de Toul, en Lorraine, un instituteur de village, lors du dernier appel des territoriaux, eut l'audace d'aller leur prêcher l'antimilitarisme dans le cantonnement. Il reçut une magistrale volée, et s'en alla se coucher.

Un instituteur du Jura traitait de « fils de jésuites » et autres aménités les petits enfants dont les parents lui déplaisaient L'un de ceuxci adressa une plainte à l'administration. L'inspecteur, après enquête, lui répondit : « Allons donc! vous êtes bien connu pour votre fanatisme religieux ! » Le père de famille se fit justice sur les oreilles de l'Aliboron, et, poursuivi devant le tribunal, fut à peu près acquitté.

Ces violences s'excusent, mais elles ne sont que des expédients individuels. Nous invitons les pères de famille dans chaque commune à se grouper. Qu'ils établissent des statuts très simples et fassent la déclaration légale. Leur but sera de discuter en commun les intérêts des élèves, de soutenir le maître dont l'enseignement est salubre et d'entraver l'instituteur antifrançais. L'école ne peut que gagner à entendre la voix des parents, maîtres nés de leurs fils et filles. Et pour bien montrer qu'ils n'ont aucune pensée hostile, je souhaite qu'ils offrent à l'instituteur la présidence d'honneur et qu'ils lui demandent un local pour leurs réunions, comme font à l'ordinaire les groupements d'anciens élèves.

Et maintenant, Messieurs, publiez, développez, adaptez cette brève et nécessaire « direction ». Je la propose à tous les Français, quelle que soit leur nuance politique. Nous n'en appelons à aucune passion partisane, mais au sentiment civique de tous les pères de famille. Quel parti, sinon d'antifrançais, oserait nous contredire et se solidariser avec le stupide Aliboron, Aliboron l'empoisonneur d'enfants !

Maurice BARRÈS,
de l'Académie française,
Député de Paris.

Commune (ou Canton) de ....

ASSOCIATION DE DÉFENSE SCOLAIRE

STATUTS

Constitution et Siège social

ARTICLE 1er. — Sous les auspices de **La Patrie Française**, et dans les conditions de la loi du 1er juillet 1901, il est formé dans la commune de
(ou dans le canton de   ),
entre les parents dont les enfants fréquentent les écoles, un groupement qui prend le nom d'*Association de défense scolaire* de
(nom de la commune ou du canton).

Les femmes peuvent faire partie de l'Association.

ART. 2. — Son siège social est à
au domicile de son Président. Il pourra être transféré à tout autre endroit par décision du Comité.

Objet de l'Association

ART. 3. — L'Association a pour but :

1º De défendre les intérêts matériels et moraux des enfants ;

2º D'empêcher les attentats contre la conscience de l'enfant en soutenant les maîtres qui comprennent leur mission éducatrice et en combattant avec la dernière énergie ceux qui, soit du haut de la chaire, soit dans des livres de pédagogie, se livrent à des attaques contre la Famille, la Patrie ou les croyances confessionnelles ;

3° De créer ou de soutenir des œuvres post-scolaires telles que patronages, conférences, excursions, etc.

Composition de l'Association

ART. 4. — Peuvent faire partie de l'Association, à titre de *membres adhérents*, toutes les personnes qui ont un enfant, petit-enfant, pupille, etc., comme élève à l'école. En peuvent aussi faire partie, à titre de *membres donateurs*, les personnes qui veulent témoigner leur sympathie à l'œuvre scolaire.

Les admissions et les radiations des unes et des autres sont prononcées par le Comité.

ART. 5. — Chaque adhérent s'engage à verser annuellement une cotisation de   fr. (1), et chaque donateur une cotisation de   fr. (2).

Administration

ART. 6. — L'Association est dirigée et administrée par un *Comité* d'au moins trois membres élus pour un an à la majorité des voix par l'Assemblée générale annuelle. Ils sont toujours rééligibles. Les membres du Comité doivent être Français.

Dans l'intervalle des Assemblées générales, le Comité peut se compléter lui-même. La désignation des nouveaux membres est soumise, pour ratification, à l'Assemblée générale suivante.

Le Comité choisit dans son sein un Bureau qui se compose au moins d'un Président, d'un Vice-Président et d'un Secrétaire-Trésorier.

Il se réunit chaque fois qu'il est nécessaire et sur convocation de son Président.

---

(1) La cotisation peut être fixée, par exemple, à 0 fr. 50.
(2) Par exemple, 2 francs.

Les décisions du Comité sont prises à la majorité des voix. Celle du Président est prépondérante, en cas de partage.

Art. 7. — Le Comité accueille et étudie tous les vœux et observations que lui présentent les membres de l'Association, se fait juge de leur opportunité et en saisit, s'il y a lieu, l'administration compétente.

Il reçoit les plaintes qui lui sont adressées ou parviennent à sa connaissance, procède aux enquêtes nécessaires et lorsqu'il a reconnu le bien fondé de ces plaintes, il s'emploie à faire cesser l'abus qu'elles révèlent, soit en agissant directement auprès de celui qui en a été l'objet, soit en faisant porter en haut lieu, par les soins du Comité-Directeur de la **Patrie Française,** les justes réclamations qu'elles nécessitent.

Il s'occupe du fonctionnement des œuvres postscolaires que l'Association a créées ou qu'elle soutient.

Art. 8. — L'Assemblée générale des membres de l'Association — adhérents et donateurs — se réunit au moins une fois par an, sur convocation du président.

Elle approuve le rapport sur la situation morale et celui sur la situation financière.

Elle pourvoit à la nomination des membres du Comité et délibère sur les questions mises à l'ordre du jour.

Le bureau du Comité est le bureau de l'Assemblée générale.

Les décisions sont prises à la majorité des membres présents.

Art. 9. — Le président du Comité représente l'Association en justice et dans tous les actes de la vie civile.

Fonds social

Art. 10. — Les ressources financières de l'Association sont constituées par les cotisations (art. 5), le produit de souscriptions spéciales, les dons volontaires. Elles sont recueillies par le trésorier, qui tiendra compte des recettes et des dépenses.

ART. 11. — Toute personne qui cesse de faire partie de l'Association perd, par ce seul fait, ses droits sur les fonds qu'elle y a versés à quelque titre que ce soit. Elle n'est admise à faire valoir aucune réclamation.

Dissolution

ART. 12. — Au cas où l'Association viendrait à se dissoudre, le Comité a pleins pouvoirs pour procéder à sa liquidation et employer l'actif dans un but conforme à celui poursuivi par l'Association.

Imp. HARDY et BERNARD, 80, rue de Bondy, Paris.

Extrait des Statuts

DE

"LA PATRIE FRANÇAISE"

———

Art. 3. — " La Patrie Française " a pour objet :

1° De maintenir et de fortifier l'amour de la Patrie ;

2° De revendiquer les libertés qui sont de l'essence même du régime républicain ;

3° D'organiser l'éducation du suffrage universel en vue de rendre la République libérale, honnête et ouverte à tous ;

4° D'éclairer l'opinion sur les grands intérêts du pays, notamment sur la nécessité d'une armée et d'une marine fortes et respectées ;

5° De faire prévaloir une politique d'économies qui peut seule permettre la réalisation des réformes sociales ;

6° De surveiller et de combattre les menées internationalistes et les ingérences des sectes occultes.

Art. 5. — L'Association se compose :

1° De membres **donateurs** versant une cotisation annuelle de 50 à 500 fr. (maximum légal) ;

2° De membres **bienfaiteurs** dont la cotisation annuelle est de 10 fr. au moins ;

3° De membres **adhérents** payant une cotisation annuelle de 1 franc au moins.

Bulletin Officiel

DE LA LIGUE DE

LA PATRIE FRANÇAISE

Paraissant le 1ᵉʳ et le 16 de chaque mois

Le Numéro : **15** cent.

ABONNEMENT : **3** francs par an

Le **Bulletin de la Patrie Française** publie le texte *in extenso* des grandes conférences données sur l'initiative du Comité-Directeur de la Ligue.

Chaque numéro forme une brochure de 32 pages du même format que celle-ci. En même temps qu'il constitue un excellent moyen de propagande, le Bulletin est un lien permanent entre les Membres et le Comité-Directeur de notre Association. Nous demandons à tous les amis de la **Patrie Française** de s'y abonner.

N. B. — Les abonnés de Paris et de la Banlieue recevront dorénavant des cartes d'invitation aux grandes conférences.

Paris. — Imp. HARDY et BERNARD, 80, rue de Bondy

LES MÉMOIRES
DE RÉSÉDA